DES CAUSES
DE
LA CHUTE DE L'EMPIRE
ET DE
L'AVORTEMENT DU 4 SEPTEMBRE

Toulouse, imprimerie J.-M. BAYLAC, rue de la Pomme, 34.

DES CAUSES
DE
LA CHUTE DE L'EMPIRE
ET DE
L'AVORTEMENT DU 4 SEPTEMBRE

Par Louis de FONTENILLE,

Ancien rédacteur au *Moniteur universel*.

TOULOUSE

DELBOY PÈRE, LIBRAIRE-ÉDITEUR

71, RUE DE LA POMME, 71

1871

Des causes de la chute de l'Empire et de l'avortement du 4 septembre.

> Ut non modo casus eventusque rerum
> qui plerumque fortuiti sunt, sed ratio
> etiam causæque noscentur.
> (TACIT., *Hist.*, *Lib*. I.)

Lorsque un navire, que la tempête a mené rudement en mer et désemparé à moitié, touche la terre, le premier soin de ceux à qui il appartient est d'examiner ses avaries, et le second de se demander comment il aurait pu les éviter s'il avait eu un meilleur capitaine. Voilà ce que je viens faire en peu de mots pour notre chère France si violemment secouée par l'invasion et qui n'échappait à l'orage de la guerre étrangère que pour tomber dans le tourbillon sanglant et noir de la guerre civile. Sans passion et sans haine, mais sans pitié, sans ménagement pour personne et sans autre mobile que l'amour de la vérité, ni autre but que le patriotisme, je vais, transformant ma plume en scalpel, disséquer les cadavres des deux gouvernements morts depuis le 4 septembre, et mettre à nu les racines du mal qui, s'il n'y pourvoit promptement, amènera la fin du troisième.

I

L'Empire.

Assis, comme sur une base de granit, sur les huit millions de votes du suffrage universel, l'Empire semblait, il a un an, aussi largement fondé et aussi indestructible que les monuments des Pharaons. Rien n'en eût ébranlé la masse, en effet, si le ciment n'avait manqué au sommet de la pyramide. Tous les gouvernements qu'on a vu périr en France depuis soixante-sept ans sont tombés faute d'hommes. Si Napoléon Ier, au lieu de s'entourer de médiocrités dans tous les genres et à tous les degrés de l'échelle administrative, eût recherché les hommes capables et forts de tête et de cœur, il aurait résisté au choc de 1813 et n'aurait pas été renversé par les boulets de Waterloo. Si la Restauration, à la place de Marmont et de Polignac, avait eu un ministre intelligent et un général énergique, la Révolution de Juillet aurait été enterrée sous les pavés de Paris ou écrasée dans les plaines nues de la Beauce. De même, supposez un éclair d'intelligence supérieure traversant le cerveau de Bugeaud ou de Changarnier, et l'on n'aurait vu ni chasser Louis-Philippe ni réussir le coup d'État du 2 Décembre.

Par une sorte de fatalité attachée depuis Louis XIV aux flancs de tous les gouvernements français, le pouvoir, sauf quelques grandes personnalités, n'a jamais été confié qu'à des mains faibles ou inhabiles. Le second Empire fut loin de faire exception à cette règle désastreuse. Créé surtout contre les avocats et les bavards, il n'appela dans ses conseils que des bavards et des avocats. Or, comme on ne peut contester l'évidence, il faut bien reconnaître que, de tous les hommes sérieux, les avocats, dans l'ordre politique, sont les plus impropres aux affaires. Il leur manque, pour les conduire, deux conditions indispensables : le jugement et l'instruction. Hors de son Code et de ses Répertoires, l'avocat ne possède que des aperçus très-superficiels, car les connaissances solides sont le fruit de ce que lui refuse l'exercice de sa profession : le temps. Quant à son jugement, il est faussé, oblitéré d'une façon si radicale par cette obligation de plaider tous les jours le *pour* et le *contre*, que le vrai même, qu'il dénature à chaque instant pour les besoins de sa cause, n'existe plus pour l'avocat, et que sa conscience prenant peu à peu le pli de son talent, devient à la longue aussi flexible et aussi impersonnelle que sa parole.

Sous le gouvernement de ces eunuques, l'Empire se traîna dix-huit ans, vivant au jour le jour d'expédients de palais. Pendant que le feu, étouffé par la botte militaire en 1851, couvait toujours sous la cendre du coup d'Etat, au moment où les problèmes sociaux, que nulle civilisation n'a pu résoudre, étaient posés de nouveau de tous côtés par l'ignorance qui est de tous les temps, et que rien ne corrige, savez-vous quelle était la grande, l'unique préoccupation de ces hommes ? La fortune ! Montés tous pauvres au pouvoir, ils ne songeaient qu'à s'enrichir vite et à tout prix, pour jouir plantureusement de la vie et se vautrer dans les délices de ce monde, et les âcres plaisirs de l'orgueil et de l'ambition.

On eût dit, vers la fin surtout du régime impérial, qu'ils n'avaient tous qu'un but, l'orgie, et qu'une mission infâme, l'énervement, la décadence et la corruption de la France. Ils n'y réussirent que trop! Au spectacle de ce luxe sans frein, les convoitises des classes pauvres s'éveillèrent. En voyant ceux d'en haut plongés dans ce débordement des jouissances matérielles, ceux d'en bas furent mordus au cœur par l'envie et voulurent eux aussi boire à la coupe immonde.

La politique inepte, impossible de la qualifier autrement, des conseillers de l'Empire, leur en donna complaisamment le moyen. Croyant gagner les ouvriers en leur jetant les bribes du gâteau impérial, on ouvrit une mine de travaux gigantesques. Cette habileté eut pour conséquence l'accumulation à Paris de trois à quatre cent mille ouvriers, et pour résultat, l'élévation des salaires et le dépeuplement des campagnes que les travailleurs désertèrent pour se porter en foule dans les villes.

Les ateliers nationaux, qu'on avait eu tant de peine à dissoudre en Juin, se trouvèrent ainsi reconstitués sur un plan plus vaste et plus dangereux. Il ne fallait certes pas une forte dose d'esprit pour comprendre qu'on venait de reformer l'armée du désordre et que ces trois ou quatre cent mille prolétaires, livrés à toutes les excitations des sociétés secrètes, irrités par le contraste quotidien et véritablement scandaleux du grand luxe et de la misère, et dégoûtés du travail à la vue de l'éclatante et douce oisiveté des riches, referaient un jour ou l'autre le rêve de Gracchus-Babœuf. Il est si doux de conquérir, par un simple soulèvement, ce qui devrait être le prix de trente années au moins de sueurs et de veilles ! On ne pouvait leur en vouloir, du reste, l'exemple venant d'en haut et la moralité n'existant nulle part.

Voilà donc à Paris, au milieu et au plus ardent du foyer de toutes les corruptions humaines, ces masses de travailleurs révoltés contre le travail et n'aspirant, comme la brute, qu'aux grossières satisfactions des sens et de la matière. Vous croyez qu'on va essayer de faire luire parmi eux ces idées d'honneur et de devoir qui frappent toujours les yeux du peuple, qu'on rallumera dans ces âmes pleines de mauvaises passions, l'amour du sol natal, la flamme du patriotisme et la foi du bien trop amortie, si elle n'est éteinte, hélas ! et que si on ne les éclaire pas, on leur ôtera du moins la force et le pouvoir de nuire ? Nullement. Quand il fallait épurer et relever les esprits, on les laissa indolemment salir, par la lecture de journaux et de publications immondes, et abaisser, en ne montrant au théâtre que des inepties, ou des improvisations sans talent et sans moralité. Puis, à l'heure où il importait le plus, et cela sous peine de mort sociale, de fortifier le pouvoir, on le désarma. Un avocat, Emile Ollivier, plein de la double suffisance de son âge et de son état, et porteur, comme le Janus antique, de deux visages, un qui souriait à l'Empire et l'autre à l'opposition, dota nos codes de la loi sur les coalitions. Les suites de cette loi funeste ne tardèrent pas à mûrir dans l'émeute et le sang. Comme en désarmant le pouvoir elle armait les ouvriers, au détriment du capital et de l'intelligence, créatrice et dirigeante, de toute la force du nombre, aussi aveugle quelquefois que celle du taureau, les grèves éclatèrent sur tous les points, et le contrat qui lie le travailleur au patron, au lieu d'être librement et raisonnablement débattu, fut imposé presque partout par la violence.

En voyant les effets de sa loi, un gouvernement doué de la plus médiocre prévoyance, se fût hâté de l'abroger et de constituer un arbitrage supérieur qui eût laissé la balance dans sa main et non dans celle des grévistes ; mais les conseillers de l'Empire n'y songeaient guère. A mesure que la situation s'aggravait, on voyait croître leur démence. Vous auriez dit du gouverneur d'une ville entourée par des flots d'ennemis, et qui démolit les remparts de ses propres mains pour qu'ils entrent plus vite !

A la loi sur les coalitions succéda celle qui autorisait les réunions politiques, et dès lors tout esprit sensé put voir l'abîme où, comme un cheval aveugle, allait, en s'y précipitant, nous entraîner le gouvernement de l'Empire. Ils se croyaient bien habiles, ces ourdisseurs d'intrigues, ces Démosthènes de clocher, qui conseillèrent comme moyen d'effrayer les masses honnêtes la réouverture des clubs ! C'était la leçon pratique du Spartiate à son fils. En lui montrant un ilote ivre, il aurait horreur de l'ivresse ! Oui, le moyen pouvait être bon, mais à la condition de faire rentrer sous terre ce spectre rouge qui venait de s'affirmer trop audacieusement pour que le parti qu'il dirige eût le front de continuer à en nier l'existence. Les avocats ministres n'eurent garde d'agir ainsi. Ouvrant, au contraire, l'écluse des libertés funestes, ils lâchèrent sur l'ordre établi ces torrents d'ambitions déçues, d'aspirations effrenées, d'envie, de venin, de colères qui jaillissant des bas fonds de la société comme un fleuve de boue, souillèrent et inondèrent tout.

Prompt et ardent à se saisir des armes qu'on lui abandonnait, le parti républicain, c'est-à-dire ce tas d'avocats sans cause, de médecins sans malades, de professeurs ivres d'ambition, de bacheliers sur le pavé, de déclassés, de désespérés et d'avides coureurs de places, se mit à miner le pouvoir avec une ardeur doublée par la sécurité présomptueuse et l'imbécilité des hommes d'État de l'Empire. Tandis que Paris, volcan où bouillonnent sans cesse tous les mauvais ferments humains, s'agitait et grondait sourdement, des missionnaires d'anarchie parcouraient la province et secouaient sur les esprits, dans des réunions dites privées, la torche de 93. L'auteur du *Devoir*, ce doux, ce philosophe, cet onctueux Jules Simon, dont la parole coule, coule toujours comme un robinet d'huile tiède, après avoir souscrit aux prémisses de Jules Ferry, qui voulait supprimer *les prêtres, les soldats et les riches*, disait aux ouvriers en souriant de l'œil et des lèvres :
» Comptez-vous, mes amis ; voyez ! vous êtes les plus
» forts et vous pouvez faire la loi au maître. Il fixe

» votre salaire, fixez vous autres, le maximum de ses
» bénéfices et que le reste vous revienne, car il vous
» est dû. Vous aurez cela avant deux ans avec la Répu-
« blique ! »

Telle était l'action des partis lors du dernier appel au peuple de l'Empire. La nation indignée condamna solennellement cette tourbe des grandes villes, aussi impuissante qu'ignorante et profondément immorale, qui aspire, comme jadis les barbares, à s'emparer du monde pour l'asservir, le piller et mourir ivre sur ses ruines, de tabac et de vin ! La France avait fait son devoir : quel était celui du gouvernement après le plébiscite et les élections? La répression rapide, énergique et complète du désordre et du mal. Il fallait poursuivre à outrance et détruire l'*Internationale*, société occulte, organisée à l'étranger et au bénéfice de l'étranger. Il fallait frapper rudement tous les fauteurs de troubles, et loin de rouvrir la frontière aux bannis par une amnistie qu'ils acceptaient insolemment comme une injure, chasser sans pitié de la France tous ceux qui ne restent dans son sein que pour le déchirer et le tremper de sang.

Cette politique ferme et hardie nous eût sauvés; mais elle était à cent lieues du petit cerveau qu'Émile Olivier loge en sa boîte osseuse. Feignant de chercher la conciliation des partis et de l'ordre, sans paraître s'apercevoir de ce qui frappait les yeux des plus myopes, savoir que son système, généreux et beau en théorie, ne tendait en pratique qu'à le maintenir au pouvoir, l'avocat marseillais, et quelque peu grec de nature, porta le dernier coup à l'autorité en brisant le frein qui retenait encore la presse. A partir de ce moment, et lorsque les idées subversives, insensées, criminelles qui n'avaient pu siffler jusque-là comme des vipères que dans les bouges et les clubs, eurent le droit d'épancher leur venin sur la feuille du journal, la révolution fut faite et le pouvoir perdu. Des journaux écrits avec l'encre de Marat et du père Duchêne, par des hommes affreusement tarés, couvrirent de boue et de fiel tous les liens du faisceau social. On tua dans le peuple des villes, qui lit ces choses, le respect de l'autorité et la peur salutaire des lois. La presse honnête, afin de renverser l'Empire, avait déjà tué, en le ridiculisant et montrant à tout propos l'envers sanglant de la guerre, l'esprit militaire; la presse ignoble à force d'injures, tua la discipline. L'une à son insu, à coup sûr, l'autre très volontairement, préparèrent par la démoralisation des troupes, les revers du champ de bataille et le coup de main du 4 septembre.

Ce qui prouve que ni le parti républicain ni le parti socialiste n'ont dans le cœur aucun atome de cet amour de la patrie si ardent chez les hommes de la grande révolution, c'est qu'à l'annonce du désastre inouï de Sedan, à l'heure où il ne devait, où il ne pouvait y avoir en France qu'un sentiment, celui du péril suprême de la nation, et qu'une pensée, la levée en masse pour la sauver et la venger, ces deux partis, au lieu de courir aux armes comme nos pères et de faire face aux Prussiens, ne songèrent, tels qu'une bande de loups maigres, qu'à se jeter sur le pouvoir pour s'en disputer les lambeaux. Ni l'aide qu'ils prêtaient à l'ennemi en désorganisant l'autorité au moment où elle avait besoin du concours et des efforts de tous, ni la conscience des effroyables malheurs qu'allait forcément amener la substitution d'un gouvernement improvisé et antipathique aux deux tiers du pays, à un gouvernement régulier et obéi depuis vingt ans, rien ne retint ces partis insensés et avides. La minorité opposante, toujours condamnée au scrutin, repoussée toujours par le suffrage universel, profita dans son impatience égoïste et impie de la stupeur où le désastre de Sedan avait plongé la France, pour lui donner le coup de grâce et commettre un crime de lèze-nation et d'usurpation criminelle, en proclamant la République.

II

Le Gouvernement du 4 septembre.

Paris ayant l'habitude, depuis 79 ans, d'imposer ses volontés à la province, dont les trente-six millions de têtes s'étaient jusqu'ici courbées devant le mot d'ordre insolent parti de son hôtel-de-ville, ses députés, sans même tenir compte du droit égal au leur en principe, et bien supérieur par le nombre de leurs collègues des départements, n'hésitèrent pas une minute à se proclamer chefs du pouvoir issu de l'émeute. C'était un audacieux attentat à la souveraineté du peuple et du suffrage universel, ils l'aggravèrent en substituant de leur autorité privée la forme républicaine à un gouvernement accepté et soutenu par la masse de la nation. Puis, appuyés sur cette double usurpation, ils crièrent fièrement à la France et à l'Europe, qu'ils se constituaient en gouvernement de la défense nationale pour chasser l'ennemi, auquel ils ne cèderaient *ni un pouce de terrain ni une pierre de nos forteresses*. Grande et vaine fanfaronnade qui devait, hélas! recevoir un cruel démenti! A peine installés dans ces ministères qu'ils convoitaient si ardemment depuis vingt ans, Jules Favre, Jules Simon, Picard et les autres comparses, ne firent éclater qu'une chose, leur profonde incapacité et leur nullité radicale dans l'action et la pratique du pouvoir. La situation était grave, mais nullement désespérée. La

France regorgeait encore d'argent et d'hommes. Elle était frémissante de colère au bruit de nos désastres et se serait levée avec fureur pour étouffer l'envahisseur dans ses millions de bras. Mais il fallait saisir ce moment décisif dans la vie des nations. Loin de profiter de l'enthousiasme national et de l'enflammer de toute l'ardeur de leur patriotisme, les hommes du 4 septembre le laissèrent doucement s'éteindre. Ils avaient bien d'autres soucis, vraiment ! Ne fallait-il pas s'emparer des places et gorger d'abord cette foule d'avocats affamés qui s'abattit sur les emplois petits et grands comme une nuée de corbeaux ? Le dernier ministère de l'Empire avait eu une bonne et patriotique pensée, celle de la levée en masse. Facile alors, cette levée devint impossible après la curée républicaine qui avait écœuré la France en montrant pour quel genre d'hommes elle aurait répandu son sang. Il restait une ressource immense, formidable, de nature à changer du soir au lendemain le caractère de la guerre et la face des événements : c'était la levée des hommes mariés ou non, *ayant déjà servi*. En ne prenant que de 30 à 50 ans, elle eût donné des millions de soldats exercés, rompus aux fatigues militaires et dans la vigueur de l'âge, il suffisait pour en former rapidement des corps solides, de rendre chacun à son arme. On y retrouvait même une pépinière d'excellents officiers et sous-officiers. Versant ensuite dans les cadres de cette armée l'élite de la garde mobile, on eût réuni au plus haut degré ce qui fait les troupes invincibles, l'élan et la solidité. Au lieu de songer à cette mesure qui s'imposait d'elle-même à tout esprit sensé, l'inepte gouvernement du 4 septembre, laissant chez eux les soldats tout faits, se mit à créer des armées avec des conscrits, des enfants et des gardes mobiles dont pas un ne savait tenir un fusil. Pour armer, équiper et exercer ces multitudes passives, réfractaires de cœur pour la plupart, car en province comme à Paris la République s'incarnait en des hommes peu sympathiques, on perdit un temps irréparable ; et quand on jeta sur le champ de bataille ces groupes confus, mal liés, mal vêtus, mal armés et commandés, sauf d'honorables exceptions, par des généraux sans énergie ou sans talent, ils furent brisés par les premières fatigues et ne soutinrent pas le choc de l'ennemi.

Pouvait-il en être autrement? Les avocats restés à Paris et leurs délégués de Tours et de Bordeaux semblaient lutter de présomption et d'inintelligence. Si, en effet, des généraux devenus tout à coup célèbres comme Trochu, pour avoir écrit une brochure, et Ducrot (un brave du reste) pour s'être évadé des mains des Prussiens, limitaient la résistance de Paris à une défensive intérieure, qui devait forcément aboutir, dans un temps donné, à la capitulation ; si quand il aurait fallu dès son apparition harceler l'ennemi sans relâche et ne lui laisser de repos ni jour ni nuit, ce qui était facile avec le nombre d'hommes dont on disposait à Paris, on perdait trois mois dans des exercices et des manœuvres inutiles, tandis que les Prussiens creusaient tranquillement leurs tranchées et enfermaient la ville dans une ceinture de fer, Gambetta n'était à Bordeaux ni moins imprévoyant ni moins ridicule. Cet avocat borgne et pompeux justifiait dans tous ses actes son origine gênoise. De l'audace aveugle et peu de scrupules, voilà les deux termes de son programme comme ministre de la guerre et comme ministre de l'intérieur. Le poids de ces deux portefeuilles en les circonstances terribles où se trouvait la France, eût exigé des épaules d'hercule : il le portait le plus allègrement du monde, traçait au courant de la plume, avec l'aide d'un assez médiocre ingénieur des ponts et chaussées et d'un agent-voyer, je crois, des plans de campagne, les imposait aux généraux assez faibles pour obéir à ce dictateur bazochien et aussi ignorant des éléments primaires de la géographie que des plus simples notions de la tactique : il fourvoyait les chefs et envoyait les soldats à la boucherie.

Cinq ou six cents millions furent gaspillés ou volés, si l'on en croit le bruit public, dans la réunion de ces rassemblements informes décorés si improprement des noms d'armées du Nord, de l'Est et de la Loire. Il faut croire que l'Assemblée nationale portera la lumière dans les ténèbres où sont plongés encore ces emprunts suspects, ces marchés onéreux, ces complaisants prête-noms et cette comptabilité sans preuves à l'appui, et que s'il existe des coupables, quelle que soit leur qualité et leur part de complicité, nous les verrons assis ensemble sur le banc des voleurs.

Si le Cicéron de Cahors n'avait pas déployé le génie de Carnot au ministère de la guerre, il fut loin d'égaler Colbert dans celui de l'intérieur. Comme organisateur d'armées, il avait perfectionné le désordre militaire ; comme réformateur civil, il créa le désordre administratif. La plupart des hommes auxquels il livra les préfectures manquaient d'aptitude et se seraient d'ailleurs trouvés sans force et sans autorité, s'ils avaient voulu arrêter le torrent des passions boueuses et antisociales, qui grondait et débordait partout le lendemain du 4 septembre. Mais il n'y songeait pas. Beaucoup de ces magistrats improvisés auraient plutôt rompu eux-mêmes la digue des lois pour permettre aux flots anarchiques de s'épancher plus librement. Les municipalités avaient été envahies dès le début par des commissions qui ne représentaient pas précisément l'élite de la population. Une entente toute fraternelle s'établit entre ces filles de l'émeute et les préfets de Gambetta. La première opération fut celle que tout bon révolutionnaire a le plus à cœur : la curée des places. Quand les déclassés, les avides, les avocats

> Et tous ces gens perdus de dettes et de vices
> Qui, si tout n'est détruit, ne sauraient subsister,

qu'on entendait déblatérer la veille avec tant de rage contre les fonctions salariées, furent devenus fonctionnaires, ils se comptèrent autour des tables du budget. Effrayés alors de leur petit nombre, ils se hâtèrent de constituer, sous le nom de garde sédentaire, un corps exclusivement recruté dans les villes et dans la classe ouvrière, et dont on n'arma que les membres les plus fidèles et les plus exaltés. C'est grâce à ces baïonnettes que n'a jamais vu luire l'ennemi, que la République, repoussée par l'immense majorité de la nation, a vécu quelques mois dans les mairies et dans les Préfectures. C'est ainsi qu'une faible minorité a pu faire subir en Province le coup de force insolent de Paris. C'est ainsi que par un phénomène inouï peut-être dans l'histoire, on a vu la nation la plus forte et la plus énergique de l'Europe, traînée au licou comme une bête de somme par sept à huit avocats qui l'ont étourdie six mois de décrets, de phrases vides et de mensonges, pour la jeter, épuisée, vaincue et sanglante, aux pieds de l'ennemi que pas un seul n'a osé regarder en face. Les conventionnels, eux, du moins, affrontaient les boulets et menaient au feu les habits bleus de Sambre-et-Meuse !

En résumé, les avocats dictateurs de Paris ne surent ni approvisionner suffisamment la ville ni la défendre; car ses forts et ses murs l'ont protégée seuls et sans peine, puisqu'ils n'ont pas été attaqués.

Ils n'ont su ni créer l'élan populaire, ni lancer contre l'ennemi, en marchant à leur tête, les trois ou quatre cent mille hommes qui ne demandaient qu'à sortir.

En admettant, comme ils l'ont soutenu depuis, que les sorties en masse étaient impossibles, ils devaient cesser une résistance inutile et qui n'avait d'autres résultats, en prolongeant la guerre, que le massacre de nos soldats et le ravage des provinces.

Mais par vaine jactance et incapacité, ils manquèrent à tous les devoirs que leur imposait leur usurpation : par jactance, ils refusèrent de faire la paix au moment où elle était moins onéreuse et n'eût coûté qu'un milliard et Strasbourg; par incapacité, et comme tous ces politiques de journal dont l'horizon ne s'étend pas au-delà des côteaux de Saint-Cloud, ils ne virent que Paris dans la France et sacrifièrent le corps entier, le corps vigoureux et sain de la nation, à ce membre atrophié et à moitié bleu de gangrène.

Par jactance et coupable ambition, pour garder ce pouvoir dérobé le 4 septembre, ils refusèrent de convoquer une assemblée, sous prétexte que les élections ne pouvaient avoir lieu dans les départements envahis, ce qui n'était pas vrai, puisque la Prusse offrait alors ce qu'elle autorisa depuis.

Par incapacité, lorsqu'il aurait fallu établir d'abord le gouvernement dans un de nos ports militaires d'où il aurait été facile, tenant la mer, de ravitailler ce gouvernement assiégé et son armée, d'envoyer partout ses ordres et de transporter ses troupes sur les points menacés en bordant nos 400 lieues de côtes. Ils s'enfermèrent dans des murs sans issue, laissant pour gouverner et mener la France au combat, un avocat sans cervelle et deux invalides du barreau et des chambres aux trois quarts ramollis.

Par jactance, enfin, incapacité et démence tout à la fois, ils préparèrent la catastrophe et les crimes de la Commune de Paris, en ne désarmant pas la garde nationale, et, bien que suffisamment avertis par les menaces, les projets et les trois soulèvements des scélérats de l'*Internationale*, en laissant dans leurs mains, après la capitulation, les fusils, les canons et même les forts.

Voilà le bilan du gouvernement du 4 septembre. Si la justice et l'honneur reprennent jamais leurs droits en

France, c'est sur les ruines de l'Hôtel-de-Ville et du Louvre qu'ils seront sévèrement punis, ces némésiens arrogants et impuissants qui voulaient châtier les autres.

A leur gouvernement succéda celui d'un véritable homme d'Etat, unissant au génie des affaires l'expérience qui les mûrit et le coup d'œil qui les dirige vers un but arrêté et certain. Espérons qu'au service immense qu'il vient de rendre à son pays et à la société européenne tout entière, en arrachant Paris aux sauvages de la Commune, M. Thiers en ajoutera un autre non moins grand, non moins urgent, non moins glorieux, en réorganisant l'administration envahie, dissolvant les gardes urbaines armées par les clubs, et remplaçant par l'ordre, le progrès sage et la vraie liberté, ce régime sans tête qui dégoûte et effraie la France toutes les fois qu'il sort avec son drapeau teint de sang de la tombe de Robespierre.

Toulouse. — Imp. J.-M. Baylac, rue de la Pomme, 34.

www.ingramcontent.com/pod-product-compliance
Lightning Source LLC
Chambersburg PA
CBHW070501080426

42451CB00025B/2997